Marco Michalzik
Wir werden alle verwandelt werden

Wir werden alle verwandelt werden

Marco Michalzik

Erste Auflage 2023

Lektora GmbH
Schildern 17–19
33098 Paderborn
Tel.: 05251 6886809
Fax: 05251 6886815
www.lektora.de

Druck: MCP, Marki
Covermotiv: Tom Chalky, tomchalky.com
Covermontage: Manuel Steinhoff, chunkymonkeyproduction.de
Lektorat & Layout Inhalt: Lektora GmbH, Denise Bretz & Yeliz Çetin
Printed in Poland

ISBN: 978-3-95461-252-9

Inhalt

Für meinen Vater

*»May it be a light to you in dark places,
when all other lights go out.«*

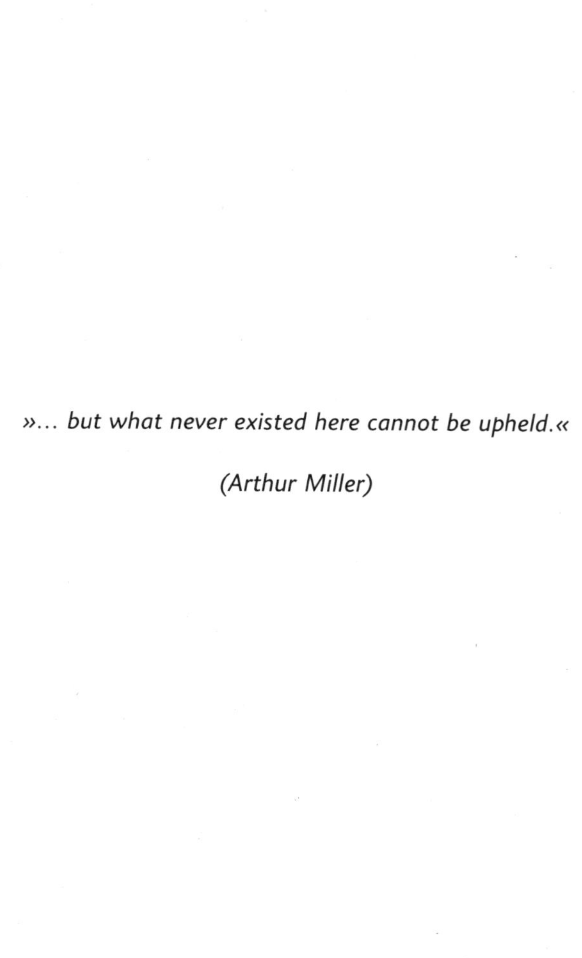

»... but what never existed here cannot be upheld.«

(Arthur Miller)

Es ist nicht einfach, Vorhandenes zu formulieren.
Erst die Distanz, das Heimweh,
das vergangene Vermissen
machen das Schreiben erst schön.
Oder notwendig.
Oder beides.

Ich schreibe keine Paris-Gedichte in Paris.
Ich würde Paris-Gedichte am Nordpol schreiben,
oder noch besser: wenn ich noch nie dort gewesen wäre.
Ich weigere mich, in Étretat auf dem Felsen zu sitzen
und ein Gedicht darüber zu schreiben,
in Étretat auf dem Felsen zu sitzen
und ein Gedicht schreiben zu wollen.
Und formuliere in Gedanken bereits traurige
Textfragmente
für den Moment des Fortgehens.

»Wer in Venedig über Venedig schreibt,
hat gar nichts verstanden«, zitiere ich aus dem Gedächtnis.
Was aber veraltet und sich überlebt,
ist dem Verschwinden nahe.
Und wir suchen Banshees in Schottland
und fahren durchs neblig wabernde Norwegen
und sehen
Schönheit und finden
keine geraden Linien.

Wir werden alle verwandelt werden.

TEIL 1: WAS BISHER GESCHAH

»Poet is Priest ...«

(Allen Ginsberg)

ZEITREISE
(Eine kurze Geschichte der Scham)

Am Kindergartentag 1
ragt der Nachname heraus

Unter all den »Normalen«
bin ich ein bisschen zu still

Sitze zwischen zwei Welten;
beide finden mich seltsam

Über mein Warten lachend
verliert eine die Unschuld

Die zweite Welt abstinent
und permanent dagegen

Verurteilte Gedanken
dafür Gewissensbisse

In diesem Jahr werde ich
zum zweiten Mal volljährig

Also hör auf, zu schrumpfen
fang endlich mit Heilen an

In deiner eigenen Welt
findet niemand dich seltsam

Restdellen vom Weltenwandern
Irgendwann ist auch genug –

geschämt

EIN BELIEBIGES DORF IN MITTELHESSEN

Ein beliebiges Dorf in Mittelhessen Mitte der 80er.
Zweitausend Seelen,
eine immer unruhig.
Glückliche Kindheit,
kaum Angst,
aber irgendwann fängt das mit dem Schämen an.

Als ich in meinem vierten Grundschuljahr heulend aus der Schule nach Hause kam,
weil der Lehrer meinen Beteuerungen nicht glauben wollte, dass die Kurzgeschichte, die ich im Unterricht vorgelesen hatte, tatsächlich meine eigene war,
wusste ich, dass ich schreiben kann.

Wusste, das möchte ich tun für den Rest meines Lebens.
Noch hatte ich keine Ahnung und mir hatte noch niemand gesagt,
dass das nicht geht.

Doppelweltbewohner.
Finde mich selbst noch nicht so ganz.

Und beide Welten hatten Regeln
und ihre eigenen Sprachen,
ihre Codes und Hierarchien, die unhinterfragbar
schon immer so waren,
und beide hatten Furcht, so schien es,
und hörten niemals auf, zu fragen:
Was sollen denn die Leute denken,
oder schlimmer, Gott bewahre,
Was sollen bloß die Nachbarn sagen?

Die eine Welt war
»Du sollst nicht, sonst gehörst du nicht dazu«
und die andere
»Du solltest unbedingt, sonst gehörst du nicht dazu«.
Also tat ich ein bisschen und ein bisschen nicht,
gerade so viel,
dass es für beide Welten nicht richtig funktionierte.

Und weil ich ohnehin schon in zwei Welten wohnte,
die mir beide nicht sonderlich gefielen,
suchte ich mir einfach weitere.
(Auf eine mehr oder weniger kam es dann schließlich
auch nicht mehr an.)
Und ich frage mich manchmal, wie ich nicht
verrückt werden konnte mit dem Ganzen,
und bin mir gar nicht so sicher, woran ich festmache,
dass dem nicht so ist.

In meiner Gedankenwelt waren
New York, Narnia und Nazareth fast das Gleiche.
Weit entfernte parallele Universen
und unmöglich, zu erreichen.

Oder *Ostpreußen* – nur ein Wort, das irgendetwas mit meinem Nachnamen zu tun hat, aber von dem ich kaum mehr weiß als das.

Wurden wir im Urlaub gefragt, woher wir kämen, war die Antwort immer: »Aus der Nähe von Frankfurt«. Obwohl wir nie da waren und mit dem Ort nichts verbanden außer Rödelheim und den Fußballverein.

Erste heimliche Kippen und Küsse auf Lippen und Basketball als bouncender Protest gegen etwas, das sich schwer benennen lässt, während alle anderen Fußball spielten. *Behind the back* kannten wir ohnehin schon lange bevor wir wussten, dass es im Sport ein Wort dafür gibt. Performance-Kunst, wie um beweisen zu wollen, dass G*tt[1] nicht vom Thron fällt, wenn drei Teenager auch am Sonntag Bälle durch Körbe schmeißen. Unvergessen: Michael-Jordan-Moves auf VHS-Kassetten nach dem Mittagessen und Space Jam sehen und Slam-Dunk-Poster an den Zimmerwänden und davon träumen, in diesen Schuhen zu rennen.

Irgendwo zwischen Narnia und Twin Peaks und New York und Westcoast und Ringkrieg. Tupac und Tolkien und trotzdem denken, dass ich o. k. bin und mein Vorhandensein irgendwie hinkrieg. Eskapistische Ausmalcollagen befragen retrospektiv Versatzstücks-Versuche eigener Sprache und woher ich die habe. Teenagerjahre mit Straßensehnsucht, weil wir hier nur Wege haben. Wenig Kunst, nicht mal Kneipenkultur. Und wer einmal durch den Wandschrankschlitz gestarrt hat, erträgt die Enge starrer Grenzen in der Gegenwart nur schwer.

---

1 G*tt ist eine vermeidende Schreibweise für das Wort Gott, die darauf abzielt, den Namen Gottes nicht in eine Form zu bringen, in der dieser beschmutzt, zerstört, oder vereinnahmt werden kann.

Rap war das große Aha,
Offenbarungserfahrung
und langsam erahnen,
was ich mit Sprache machen kann.

Ich weiß noch, Geld sparen
und warten
und Bus fahren
und durch die Kleinstadt laufen
und endlich Esperanto kaufen.

Sahen den Hurricane-Film mit Denzel Washington als Rubin Carter und waren so weit ab vom Schuss, dass wir fast traurig waren, für nichts mehr demonstrieren zu müssen.

Und ich weiß noch, wo ich war, als die ersten 9/11-Bilder live im Ersten Deutschen Fernsehen kamen. Ich stand gebannt vor dem Kleinstadt-Elektroladen, der auch Platten hatte (ich glaube, ich habe Curse gekauft) und Schaufenster-Fernseher, auf deren Bildschirmen live die Türme in Narnia kollabierten. Und wir bemalten weiße T-Shirts mit schwarzen Eddings, denselben, mit denen wir sonst unsere sogenannten Namen überall hinschmierten, und schrieben »Kein Krieg« auf die Vorderseite und liefen damit zumindest einmal durch die Stadt und haben wirklich gedacht, dass das im Irak einen Unterschied macht.

Bonjour Tristesse,
mit deinem Autoscooter-Fest
und leichten Rechts-Tendenzen
in gutbürgerlichen Grenzen,
solange man dich lässt.

Und ich sehe eine Warhol-Doku auf Netflix, in der es heißt, um seine Kunst zu verstehen, müsse man Pittsburgh gesehen haben. Und ich weiß nicht, ob das stimmt, oder eher alles entzaubert. Aber vielleicht hilft es beim Verstehen, wo jemand ist und von wo jemand spricht, wenn man weiß, woher jemand gekommen ist und wie viel Mist und Riss da ist.

Wenn ich heute da bin, kommt mir alles so geschrumpft vor und ich frage mich aus dem Autofenster schauend, ob es hier immer schon so eng war. Ich glaube nicht an Ankunft.

Floskelwort und Sehnsuchtsor-thografie
sagt sich leichter, als mir lieb ist.
Vieles verklärt sich mit den Jahren naiv.
Der letzte Bus fährt um halb sieben.
Tatsächliche Tage und Erinnerung an Phantasie.
Morphen irgendwie wabernd zu Diashows im
Doppellicht.
Ich liebe dich nicht nicht.
Glaub bloß nicht mehr, dass du Heimat bist.
An dieser Stelle
höchstens Herkunft.
Aber das ist nicht dasselbe
für mich.

ERINNERUNG AN SONNTAGMORGENS

Das Gesprochene sagte mir nichts.
Das Gesungene war keine Musik.
Der Raum schmucklos kahl.
Die Bänke hässlich unbequem.
Hinter der Tür Sprachverbot
für die meisten.
Lachen undenkbar.
Auf stumm geschaltete Zuschauerinnen,
die ihre Stimmen zuhause lassen mussten.

Hier saßen die Männer und die Frauen dort drüben,
nur bei den Kindern war's ein bisschen egal.
Jungs trugen wie absichtlich schlechtsitzende Anzüge.
Nicht wie bei Hochzeiten, eher verkleidungsgleich.
Und alles war »Du darfst nicht«
und »Man sollte« und Hölle und Sünde
und Körper waren verdächtig verpönt.
Irgendwie unmöglich,
dass ein kreativer Schöpfergeist
sich hier wohlgefühlt hätte.

Und alles war Ordnungszahl
und Wunderglaube,
aber in vorhersehbaren Grenzen,
die niemand,
nicht mal G*tt persönlich,
mit Unvorhersehbarkeiten belästigen
darf.

Alles war Angst und Abwehrhaltung
und diese absonderliche Idee von Absonderung.
Alles war Warnung vor ... im Grunde allem,
weil da dieses Auge ist, das immer alles sieht.
Und ich denk mir: »Fuck[2], das klingt doch
mehr nach dunklem Mordor-Lord,
als einem G*tt, der mich angeblich liebt.«

Alles war Heimlichkeit und Scheinheiligkeit
und Gerüchte hinter Rücken
und Unschuld undenkbar und Vorbild-sein-Sollen
und unerreichbare Ethik wie Gefängnisgitter
und gepredigte Gnade, die in Wahrheit keine war.

Ich schreib, was ich nicht schreien durfte,
und bewahre Sätze in der Schublade,
bis mir irgendwann Mut gewachsen sein wird,
zu sagen, dass es sich nach dem Masturbieren besser
betet.

Gotteserkenntnis ist von Selbsterkenntnis
nicht zu trennen.
Sie sind weder dasselbe noch sind sie es nicht.

---

2 »Fuck« hab ich vermutlich nicht gedacht. Auch so ein Wort, das dort nicht gesagt werden darf.

Normal ist nichts außer Mehrheit,
Mehrheit nichts außer Summe,
Addition kein Maßstab für Moral.
Wir werden alle verwandelt werden
und fuck, bin ich froh, nicht mehr da zu sein,
wo wir waren.

ICH BIN

Du sagst,
ICH BIN.
Warum findest du's dann schlimm,
wenn ich auch
ich bin
?

AMAZING GRACE?

»Wer hat dir gesagt, dass du nackt bist?«
(Gen. 3,11)

I once was lost, but now …
I don't know …
… wie verloren ich in Wahrheit war,
hätte mir nie jemand gesagt,
dass ich's bin.

Einmal war ich nicht sehr ängstlich,
bis zur ständigen Injektion sogenannter Gottes*FURCHT*
und bis ich mir wünschte,
ganz gewöhnliche Monster unter dem Bett zu haben,
wie alle anderen,
die nur nachts da sind, im Dunkeln,
und mich nicht ständig stalken.

Einmal habe ich mich nicht geschämt,
doch jetzt sind da schockiert grinsende Zeigefinger,
die verlegen murmeln, ich sei nackt.
Auf dem Spiegel im unvorteilhaften
Umkleidekabinen-Licht der Verbote
steht in Rot geschrieben,
dass ich so nicht o. k. bin.

Wer hat mir gesagt, dass ich nackt bin?

I once was lost, but now …
I don't know …
… wie kaputt ich wirklich war,
hätte mir nie jemand gesagt,
dass ich's bin.

Einmal war ich kerngesund,
doch spüre bis jetzt Phantomschmerzen
nach unzähligen Sprechstunden und Symptombefunden,
und wen wundert es wirklich,
dass die einzige Medizin
von denen verkauft wird,
die zuvor für die Wunden verantwortlich waren,
die hilfsbereit die Früchte reichen,
um gut von schlecht zu unterscheiden,
nur um mich danach genüsslich traurig
auf meine Nacktheit hinzuweisen?

Und wie süß kann so eine Gnade schon sein,
die Menschen kaputt nennen muss
und lost,
als Kontrastmittel zu ihrer eigenen Großartigkeit.
        Woher hab ich den Schwachsinn?
Wer hat mir gesagt, dass ich nackt bin?

Einmal mehr stehe ich davor
und würde mich gerne ein wenig wundern,
oder staunen zumindest,
aber alle Wunderkanten wurden glatt gezähmt
und das Geheimnisvolle ist auserzählt
und überzogen von einer Schamschicht,
die sich wie Staub darauf legt, bis endlich alles taub ist
und selbst die Selbstanklage und Selbstzweifel,

verkleidet als eine pervertierte Form falscher Demut,
nicht mehr so wehtun
und es mir letztlich ein wenig egaler wird,
wer mir gesagt hat,
dass ich nackt
bin.

Ich will mir Wurzeln wachsen
lassen und trotzdem weiter fließen,
vielleicht will ich gefunden sein
und weiß bloß noch nicht, von wem.

APOSTASIE

Ich bin aus der Gnade gefallen,
haben die Leute gesagt.
Eigentlich bin ich nur einfach gegangen,
um ab jetzt zu tun, was ich mag.

TAXIFAHRT

»Liest du die Bibel?«,
fragst du.
»Manchmal«,
lüge ich
oder übertreibe ein bisschen.
»Ich bete zumindest,
dafür, dass nichts passiert«,
sagst du und meinst:
»Dafür, dass nichts SCHLIMMES passiert«,
denke ich.
»Zu wem?«,
frage ich.
»Das kann niemand wissen«,
sagst du.
AMEN.

WORTE

(Ich schreibe) Worte aufs Blatt.
Zeichen aufs Papier.
Kreiere, komponiere Wortmelodien,
die ich später verbalisiere.
Und alles, was ich notiere,
ist sowas wie mein »Ich war hier«-Tag,
das ich auf freie Flächen schmiere.

Zeichen, denen wir
antrainierte Bedeutungen beimessen,
und dennoch mit perfidem Potenzial,
Personen zu verletzen.
Aneinandergereihte Zeichenketten,
transformiert zu Wörtern
und zusammengesammelt zu Sätzen.

Und wir setzen viel zu oft voraus:
So, wie ich das sage, verstehst du das auch.
Und wundere mich, dass dein wundervolles Ich sich
hinter Fassaden verkriecht,
Palisaden errichtet, die keins meiner am besten
gemeinten Worte wieder durchbricht.

Und kein Licht
sickert dann durch den Schlitz unter der Tür zu dir.
Alle Hohlräume abgedichtet.

Schreie laut in Gebärdensprache,
dass ich Beschwerden habe,
aber offenbar ist keiner da,
der die Zeichen richtig deutet.
Ich hab Ordner voller Worte,
die du einmal gesagt hast.
Dutzende Definitions-Duden,
die deinen Subtext entknoten.

Wüsstest du nur, wie es wär,
zwischen deinen wohlgemeinten Worten zu sitzen
und trotzdem nicht weiterzuwissen.
Wüsstest du nur, dass Spott
kein Verfallsdatum hat und sogar Wurzeln schlägt,
wenn man nur genug Keime ausgesät hat.
Und wüsstest du nur,
dass jedes gut gemeinte Kompliment
sich verglichen damit nicht allzu lange hält.

Und manchmal gehen sie mir auch aus.
Bleiben mir im Hals stecken.
Vielleicht weil Traurigkeit mitunter so groß ist,
dass jeder Versuch eines Tröstungswortes
ihr nur zum Spott gereichen würde.

Und vielleicht gibt es deshalb Musik,
weil auch Freude manchmal so groß scheint,
dass selbst der Poesie die Sprache versiegt
und jeder Vergleich mickrig erscheint für das,
was ich eigentlich sagen will.

Zurücknehmen kann ich keines davon,
Gesagtes lässt sich nicht mehr löschen.
Erschreckend, wie endgültig das klingt.

Vielleicht bleiben am Ende
auch nur ein Blatt und ein Stift,
auf dem ich das schreibe für dich.
Und indem wir so Gedanken tauschen,
pflanzt du für mich
ein kleines bisschen Zuversicht.

Komm, ich zeig dir einen Zaubertrick:
Nimm dir einen Augenblick
und schau, was passiert,
wenn du laut aussprichst,
was du liest.

Darum lasst uns Worte weise wählen.
Weil sie mächtig sind, zu bauen,
und Macht haben, zu stehlen.
Weil sie Leben spenden
und jede Hoffnung rauben können.
Weil sie neuen Mut verleihen
und Lebensmut vernichten können.
Weil sie Liebe Sprache geben
und doch den anderen richten können.

Darum lasst uns unsere Worte weise wählen.
Denn mächtig sind die Worte derer,
die mit ihren Leben Geschichten
wörterlos erzählen.

VAN GOGH

Und in der Sternennacht
alles hell, nur die Kirche dunkel.
Und die Lichter oben drüber
drehen sich nur schnell um sich selbst.

ALS WIR GEISTER WAREN

Wir wurden zu Geistern,
sobald wir durch die Tür waren.
Unsere Körper abgegeben,
bis wir eines Tages vergaßen,
sie von der Garderobe wieder
mit zurück nach Hause zu nehmen.

Als wir Geister waren,
hatten wir das diffuse Gefühl,
etwas verloren zu haben.
Aber nicht zu sein.

Eingesperrt in konturlosen Körperzellen,
ohne Schweben oder Durch-Wände-Gehen
oder hinter Gründe zu blicken.
Ab Grund sind wir menschlich.
Süchtig nach Sehnen und gesehnt werden
und angesehen und aufgeblickt
und gemeint sein
und erkannt, endlich.

Hüllenlose Höllendosis
Selbstkastration,
um sich dann für Hochzeitsnächte
neue Geschlechtsteile wachsen zu lassen.
Salamander-Schwanz-Glaube, ameisenvölkisch
Kollektiv-Gehirn-gesteuert.
Und eingeredete Herzhohlräume
in der Form von G*tt,
der keine feste hat,
sprechen Selbstanklage in der Sprache vergangener Tage.

Wir waren Geister-ruach wabernd
über den leeren Wassertropfensummen
unseres Vorhandenseins.
Vor Spiegeln stehend
sind wir nicht durchsichtig,
aber sehen unser Gesicht
nicht richtig.

Körpergedächtnis intakt,
aber tanzloser Stolperrhythmus.
Wer das Herz leugnet, fällt
nicht einfach aus der Zeit.

Als wir Geister waren,
hatten wir keinen Namen,
nur eine vierstellige Zahl
verschiedener Scham-
Schattierungen.

Wie weird wir werden, wenn wir weinen.
//

Wir sahen uns an,
als wir Gesichter bekamen
und uns Worte wuchsen.
Unsere kippendunstförmigen Handflächen
verfestigten sich zaghaft beim Aufeinanderlegen
und wir zu neugierig, um weiter
Angst vor dem Auflösen
und Auseinandergeblasenwerden
zu haben.

Wir werden alle verwandelt werden,
in fassbare Formen und antastbar geworden
hätte ich heute gerne hundert Hände,
um dich überall gleichzeitig zu berühren
(mir dein Herz fassen)
und mich genauso (und meins).

Wie weich wir werden, wenn wir weinen.

Lippenlose Flüsterstimmen,
die sie für Hirngespinste halten,
waren am Anfang nur ein Wort
und inkarnieren unaufhaltsam.

POET IS PRIEST

»Denn jeder aus Menschen genommene Hohepriester wird für Menschen eingesetzt in dem, was Gott betrifft.«
(Die Bibel, Brief an die Hebräer 5,1)

Geh hinein und finde
Formulierung und Gefühl
als einer von vielen.

Tritt hinter den Vorhang
und erzähl danach,
was du dort gefunden hast.

Lass mal sehen, ob sich nicht aus
Blut vergangener Wunden
Versöhnung formen lässt.

Diesseits des finalen Schleiers
Lebenslinien an Fußknöchel,
gebunden aus Angst, im
Geheimnis verloren zu bleiben.

Ich rufe dich an,
sobald ich zuhause bin.

»Die Zeit der anderen Auslegung wird anbrechen,
und es wird kein Wort auf dem anderen bleiben.«
(Rainer Maria Rilke)

TEIL 2: VOM VORHANDENSEIN

IM FEBRUAR

Im Februar,
das Jahr noch unsicher,
wohin es will,
und der Winter noch unentschlossen,
ob er einschläft
oder noch eine Runde dreht.
In der Luft
mehr Erwartung als Enttäuschung
und Auferstehung erst übermorgen.

Über dich nachgedacht

in diesem Februar,
noch unentschieden,
wohin ich will,
und wir unentschlossen,
ob wir einschlafen
oder noch eine Runde drehen.
In der Luft
mehr Enttäuschung als Erwartung
und Auferstehung ist aufgeschoben.

Schloß Röhrsdorf, Februar 2021

ICH BIN NICHT HOCH GENUG, UM HINTER DEN HÄUSERN DEN HIMMEL ZU SEHEN

Ich bin nicht hoch genug, um hinter
den Häusern den Himmel zu sehen,
die Skyline oder den Horizont dahinter.
Von beidem ein bisschen.
Als ich klein war,
habe ich heimlich die Kinder beneidet,
die von woanders kamen
und im Unterricht fremde Fahnen malten
über die Ränder ihrer linierten Collegeblockgrenzen,
und ich habe nur diesen Nachnamen,
der anders war,
aber keine Ahnung, warum
Lehrer und Mitschüler ständig so taten,
als wäre der so schwer
auszusprechen.

Weiß nicht, wo ich sein soll.
Ich bin nicht hoch genug, um hinter
den Häusern den Himmel zu sehen
und wohin ich gerne zurückkehren möchte nach Reisen.
Obwohl ich Krebs bin,
habe ich das Schalentier zum Nomaden
domestiziert.
An Beine und Rückenfedern von Zugvögeln geklammert,
wie ein versteckter Passagier, der allein nicht fliegen
kann. Nicht vor und nicht zurück.
Nur seitwärts zwischen den Steinen.

Versuche, mein Vorhandensein
von einem Ort aus zu vermessen,
den ich für Zuhause gehalten habe. Mehrmals sogar,
aber jedes Mal
verworfene Entwürfe, weil ich fürchte,
die echten Einheimischen würden mich auslachen.

Alles atmet Erinnerung
und ich bin neu hier.
Fremd,
wie ein Lesender
in eine Geschichte geworfen.
Existiere
gleichzeitig draußen und drinnen.
Eigne mir Neues,
für den Verfassenden aber Vertrautes
an.
Verfälsche
damit die ursprüngliche
Absicht der Geschichte
oder schreibe sie fort?
Formuliere mein eigenes Spin-Off
mit kurzem Cameo im Hauptplot?

Ich bin nicht hoch genug, um hinter
den Häusern den Himmel zu sehen.
Wie auf die leere Zahnpastatube drücken,
quetschen und einrollen,
aber allem Bemühen entgegen
lässt sich keine Substanz aus der Leere pressen.

Getrampelte Gehwege
enden am Zaun der Gehege.
Kreislaufkreatur,
als hätte ich trotz angespannt vollem Rucksack
irgendwas Wichtiges vergessen. Nicht liegen gelassen,
so dass Umkehren ein Vereintsein wäre. Eher so, dass
ich sämtliche Einzelteile auf den letzten Stationen übers
ganze Land verstreut habe. Überall ein bisschen von
mir dagelassen. Gerade so wenig, dass es mir beim
Weggehen nicht auffällt. Erst beim Ankommen woanders
fehlt dann etwas.

Ich bin nicht hoch genug, um hinter
den Häusern den Himmel zu sehen.
Vom Gare du Nord aus
ist der Eiffelturm unsichtbar.
Umsteigen, ohne den Buchladen
oder das Grab von Jim Morrison
besucht zu haben.
Manchmal bin ich da, ohne da zu sein.
Am selben Ort.
Manche Tage sind Transit.
Manche Begegnungen Bahnhöfe
und ich am liebsten zuhause.
Schwer auszuwählen,
welches Buch man für die Reise
einpackt.

STRASSENBAHN

Ich bin in Fahrtrichtung links ausgestiegen,
Du sitzengeblieben auf deinem Platz.
Zu früh aufgesprungen und die Endstation verpasst.

Steh am Steig wie nicht bestellt und nicht angeleint.
Wenn der einzige Gedanke während der Reise heißt,
Auf der Fahrbahn zu bleiben, such lieber das Weite.

Du bist woanders angekommen.
Entgegengesetzte Angst. Ich habe
    Nach dir eine Straße benannt.

Mein Laptop sagt: »Nicht korrekt ausgeworfen.«
Du sollst dir kein Bild machen. Von niemandem.

VOM VORHANDENSEIN

I

Plötzlich war ich einfach vorhanden.
Inkarniert wie G*tt,
nur dass ich vorher kein Wort
war und erst mal auch keins kannte.

Vielleicht immerhin ein Gedanke
zweier zufällig parallel Vorhandener,
sich fest an Händen Haltender.

Ins Vorhandensein fermentiert.
Am ersten Tag meines Lebens
begann ich, zu sterben. Jeder
Atemzug einen Augenblick näher am letzten.
Jeder Tag ein Countdown zum Ende.

Zwei zufällig parallel Vorhandene
sich fest an Händen Haltende.

Da ist Krieg draußen,
aber auch innen,
dem schwerer zu entfliehen ist.

Sehr kleines ich,
erdreiste dich nicht,
das so zu nennen,
was du nicht kennst,
und dein Verschlucken am Privileg
dann so albern aufzublasen.
FUCK!
Und Frieden heißt Peace
und Piece ist ein Stück.
Also spul mich, wenn's geht,
ein Stückchen vor oder rewind mich auf Anfang.

Nur nicht zurück-
gelassen werden.

Und Frieden heißt Peace
und Piece ist ein Stück.
//

II

Wir sind Orgasmus-Organismen,
existieren in fremdgewählter Gegenwart
wegen so etwas wie vergangener Lust,
wegen Körperreaktionen von Personen,
die nicht wir waren
und uns nicht ausgesucht haben,
und dann, taadaa,
here we are now.

Hab mich nie festgeklammert,
hätt schon gewollt,
aber meinem Schiff ging der Rettungsanker
vor langem verloren.
Ist in irgendeinem Grund festgesteckt
und ich habe die Taue durchgebissen,
aus Angst, in diesem Hafen überwintern zu müssen.
Nein, kein Treibgut.
Im Vorbeifahren sieht alles bestens aus.
Dass der Heimathafen fehlt
und ich unter falscher Flagge segle,
die dabei so lustig im Wind weht,
fällt ja von Weitem auch nicht weiter auf.

Wie komme ich auf Meeresmetaphern
auf Berge starrend,
auf Felsen vor mich hinsitzend,
Wut würgend,
im Schwarzwald
kurz vorm Gottesdienst?
//

III

Und wenn alles raus ist, tränen die Augen
und innen ist Leere, aber es geht besser,
den Teil von mir zu trennen und ohne besser zu fahren.

Verdaut geglaubtes Vergangenes
taucht wieder auf,
macht die Nacht marode, bis es Morgen
wird.

Geplatzter Knoten
und zerkratzter Boden,
Druckwellentsunami-Entladung,
weil irgendwo muss die Scheiße ja hin.
Und die Energie geht schließlich nie,
sagst du so, als ob du glauben würdest,
dass das tröstlich klingt. Zumindest trotzig.

Kann ein Mensch einen anderen retten?
Kann einer, der kommt, den vergangenen ersetzen?

Über das leere Weiß gebeugt,
würge ich alle Wut aus meinem Magen.
Und es stinkt
und vermischt sich miteinander bis zur Unkenntlichkeit.
Und manches erzählt noch deutlich von vergangenen
Tagen.
Pinguinmütter-mäßig würge ich dich wie vorverdauten
Fisch
hoch und kotze alles hin für die Textfinder-Kinder.

Verdichte die Fugen zu Versen,
lass die Verfluchten die Erben
lebendiger Hoffnung sein, werde

mir wünschen, ich könnte
dir sagen,
was das genau bitte heißt.

Ich weiß nichts.
Ich weiß nur vielleicht
und dass Weiß
keine Farbe ist
und angsteinflößend
wie die Weite
des sich ausdehnenden
Universums
und ein Blick hinein
(genau wie in den eigenen Spiegel)
alles egal macht,
was ich schreiben
oder denken kann.

Ist eh alles
schon besser formuliert –
mag so sein,
aber noch nicht von mir.

Unter Vorbehalt vorhanden
von einem,
der existiert,
irgendwie.

Kotzen ist Performance-Kunst,
Schreiben wie Spuckenmüssen.
Mentale Trotz-Ergüsse
wie Anstoßnehmen an Schrankkanten.

Und
erbrechen,
sie brechen,
es brechen,
wir brechen
uns auf
wie Alien-Parasiten-Kinder
bewohnte Raumfahrer
und sterben lieber,
als alles drin zu lassen.
//

IV

Und da sind immer noch Monster unter meinem Bett.
Hab fast das Gefühl, die stecken da fest
und sind mit den Jahren mitgewachsen
und wollen vielleicht rauskriechen und das Weite finden,
aber hängen verhakt unter meinem Lattenrost.
Selbst unter Hotelmatratzen.

Unsichtbare Begleiter,
imaginäre Feinde,
mit genauso viel Angst vor mir
wie umgekehrt.

Wir sind gehauntete Häuser,
besetzte Gebäude
voller Geister und vergangener Monster,
die in uns leben.

Fake it till you make it,
hab ich immer gehasst.
Und was soll das sein und für wen?
Wem was vorlügen?
Fake it till you make it … Weird.
Kannst du gerne deinen Orgasmen erzählen.

Show don't tell me,
dass du dableibst.

Show don't tell me
deine Wahrheit.

Show don't tell me,
dass da Hoffnung ist.

Show don't tell me,
dass du offen bist.

Show don't tell me,
dass es sich lohnt.

Show don't tell me
den Mond
und die Mysterienuniversen,

die wir vor und füreinander sind.

Show – don't tell it on the mountains! Bitte!
//

V

Zeit ist relativ
unbegabt im Verarzten
Wunderpunkte

Sät Salz zwischen Furchen
bis Gras heraus und über die Ränder wächst

Vielleicht
heilt die Zeit
mit sich selbst
letztendlich
alle Hypes
und hoffnungslos
halbgaren Hirngespinste

Sie sagen
sie wende sich
kenne Anfang und Ende
nicht oder schon
zählt rückwärts Zahlen
bis zur letzten Eruption
//

VI

Blickwinkel
vorhanden wie Arschlöcher *(am Meer)*,
unzählbar viele, wie
ließen sich sonst Bilder malen,
tausend-verschieden
mit denselben Motiven?
Und unsagbare Gedanken doch sagen
mit den immer gleichen Buchstaben?

Es gibt keine Geister
am Neujahrsmorgen.
In Criel-sur-Mer
raucht keine Menschenseele,
zumindest
habe ich keine gesehen.
Außer meiner.

Müßig, von Mystik zu reden.
Alle Engel, die ich kenne, sind Menschen
und die Dämonen dito.
G*tt ghostet
manchmal
muss einer erst Esel werden,
um Epiphanien wahrzunehmen,
oder wie ein Kind.
Aber neu.
Nicht wieder.
//

VII

Mache Krach und suche Ruhe und
finde Frieden in Freundschaft
und im Vorhandensein von innigen
Schreibkompliz*innen:
In Micha-Kunze-Versen
und Leah-Weigand-Gedichten
und in Tabithas Abschiedsbuch
und Miras Roadtrip mit Gott,
während ich mit Sascha Kirchhoff durch Norwegen fahre
und meine warme Jacke vergessen habe.
Und Manu, der bewiesen hat,
dass Gedichte durchaus laut und tanzbar sind.
Obwohl ihm besonders letzteres denkbar egal sein
dürfte.
Und Sergejs Fotos,
die in einem Frame mehr erzählen
als ich in ganzen Büchern.
Und Joes Piano
und Jonnes, der von Hoffnung singt
und mehr als ich dran glaubt.
Und mein Vater,
wegen dem ich sogar G*tt Vater nennen kann,
ohne mich angeekelt abzuwenden
bei der Verwendung einer solchen Bildanrede.
Weil das Wort mich nie triggert
und ich immer denke:
*»Wenn G*tt tatsächlich ein bisschen ist wie er,*
*dann ist G*tt gut und gütig.«*

Und wie Nick Cave
im selben Interview Fuck sagen und von Gebet sprechen
und denken kann, dass das womöglich dasselbe ist,
und von Verlust und Verstehen und Wut und Schmerz
und Hoffnung,
die einen vielleicht findet,
aber zu ihrer ganz eigenen Zeit,
und die man trotzdem suchen,
nur nicht finden kann.
Don't call us, we call you
vielleicht Frieden.
Außen und vor allem innen.

»*Wenn du versuchst, für alle zu schreiben,*
erreichst du keinen,
also schreibe ich für euch
und von euch,
für meine Freunde«
schreibt Levi mir als Widmung vorne ins Buch,
and I'm forever grateful for that piece of comforting
writing advice.

Jetzt fürchte ich mich nicht mehr vor den Äpfeln,
fasel Frankenstein ganze Storylines vom Vorhandensein
vor, aber finde die Form nicht
für meins.

Und
bleib barmherzig,
hör nicht auf, zu atmen.
Hass ist schlecht für die Verdauung,
geschluckte Tränen liegen schwer im Magen,
der dann wie auf schienenlosen,
schiefen Serpentinen
endlos herumradaut.

Bitte
bleib
barmherzig.
//

VIII

Und du liegst sicher richtig,
dass es töricht ist,
mit fast vierzig von Befindlichkeiten zu faseln.
Jesus war in meinem Alter schon einmal gestorben,
auferstanden und zum Himmel aufgefahren.
Wär's da nicht geraten, die eigenen Schäfchen
in der Nähe einer trockenen Stelle zu haben?
Aber andererseits: Wie soll das wer nachahmen?
Und ist vermutlich auch nicht die Aufgabe.
Also scheiß auf den Vergleich
und auf Vergleiche allgemein
und aufs Vergleichen mit fremden Verszeilen
besonders. Wie schwer kann es sein,
man selbst zu sein?
FUCK!
Das sind nur gemalte Zeichen,
gezeichnete Formen
und die Laute und die Reihenfolge und die Pausen,
die man mit dem Mund macht, wenn sie einem
begegnen.
FUCK!
Was soll daran verboten sein?

Manchmal sage ich *ficken*,
obwohl ich *mit dir schlafen* schöner finde,
weil es sich nach Freiheit und Selbstermächtigung
anfühlt, im Mund und an der Zunge und am Gaumen
und in der Kehle und in der Brust und auf den Lippen
Silben
zu sagen, die vorher versteckt und verboten waren.

Wie eine neue Sprache zu lernen und die Freude, sie endlich an Einheimischen testen zu dürfen.

Ich will gepellt sein,
Schalenrisse klopfend.

Ich bin so durch mit diesen destruktiven Dingen ...
die klug klingen, aber nichts bringen,
wenn irgendwer traurig ist
oder ich mich dazu bringen will,
zu versuchen, von Hoffnung zu sprechen
und Hoffnung zu haben,
rauszupressen,
laut auszusprechen.
Nach dem Hinterfragen der Dinge verblasst alles blurry
und unscharf im Vordergrund, Auseinanderbauen
ist leichter als Zurückfügen ohne Bau-Anleitung.
//

IX

An einem offenen Grab zu stehen, friert das
Fortschreiten fest,
aber kurz nur, denn dann verlangen alle das Aufatmen.

Wenn das Gedicht lange genug dauert,
kommt da sicher noch irgendetwas unheimlich Kluges.
Oder vielleicht zumindest etwas Unheimliches.
Eher nicht.
Da bleib nur ich
am Ende,
mit Stift in Händen
und Fingern,
und verschaff mir Erleichterung.
G*tt allein weiß, warum
ich am Ende doch wieder G*tt sag.
FUCK!
//

BUCHHALTUNG

Nimm mich in deine Hand,
will deine Finger fühlen,
aus Angst, ein Regalbuch zu werden,
das Staub frisst.
Griffbereit besessen,
selten rausgezogen,
in Vergessenheit geraten
im Graulicht.
Komm, schlag mich endlich
auf
oder lass mich zugeklappt.
Angst,
dass dich mein Inhalt verstört
oder gelangweilt entmutigt hat
und ich gleichgültig ausgelesen
in der Verschenkkiste verschwinde.
Bis zum Gefundenwerden
von neugierigen neuen Händen
und Augenpaaren.
Aber bitte nicht zu
nah.

Lass mal noch damit warten,
den Schutzumschlag abzustreifen.
Lies den Klappentext meiner Schattenseite,
könnte klappen jetzt, wenn du wach bleibst
mit deinen blätternden Händen
und wir einander erstmals im Erlesen erkennen.

UNTERHALTUNG

Sprich zu mir
und rede mit mir,
jeden Tag,
und lass es nie abreißen.
Erzähl mir
Nonsens und mach Geräusche mit
deinem Mund und in deinem Gaumen
und Töne mit deinen Stimmbändern.
Sprich zu mir,
wenn du weißt
von der Einsamkeit
der Tausendfüßler
und dem Geräusch der Tapire
beim Fallen.
Ich bin geil auf Details
und weiß, dass ich die am Tag nach übermorgen
vergessen haben werde.
Wie läuft's mit so vielen Füßen?
Ich stolpere mit zweien schon.
Hörst du?
Wir wissen es nicht.
Erzähl mir, dass dieses Jahr in Hessen
weniger Geldautomaten gesprengt wurden
als in dem davor.

Frag mich nicht nach meinem Gesicht
oder wie es geht,
weil ich immer nicht weiß,
ob du die ehrliche Antwort
oder nur »gut« hören willst.
Oder keine Reaktion erwartest,
genügsam, den Klang deiner Stimme beim Fragen zu hören.

Lass keine Leerzeile über das gesamte Manuskript.
Verachte Satzzeichen.
Lass es nicht abreißen.
Sprich zu mir von Dingen,
über die du nichts weißt.
Sprich zu mir von Dingen,
von denen ich nichts weiß.
Sprich zu mir von den Dingen,
die nicht zu wissen sind.
Sprich zu mir von Dingen,
die sich dem Sprechen entziehen.
Finde Worte fürs Verstummen.
Sprich Geheimes
und sag, du kannst dir nicht sicher sein,
dass das hier nicht heilig ist.
Wir wissen es nicht.
Hörst du?
Wir wissen es nicht.
Lieber Synthie-Bass, bis die Synapse platzt
vom Krach der Hintergrundgeräusche.
Lieber Krach als Stille,
weil ich nicht mutig genug bin,
auszuprobieren,
welche Stimme bleibt,
wenn ich außen alles mute.
Hörst du?
Wir wissen es nicht.

GALANTHUS

für Mira

»afraid, yes, but among you again
crying yes risk joy«
(Louise Glück – Snowdrops)

Du sagst, wie sehr du Schneeglöckchen magst.
Und ich hab auf diese Art zumindest
noch nie darüber nachgedacht.
Wie über dich.

Du warst schon vorher da.
Aber mir kommt es trotzdem vor wie ein Gang
durch den schneematschigen Park
nach der letzten echten Winternacht morgens.
Mehr »mal wieder an die frische Luft«
als Lust oder die Wahrscheinlichkeit
für Unerwartetes auf Wegen, die ich ständig laufe.

Zaghaft Anfang blühend
im noch sichtbar gegenwärtigen Ende.

Milchfarben
und mit selbst erzeugter Wärme
von innen, die manche abstreiten
und ich in deinem Fall zumindest
für mehr wahrscheinlich als vielleicht halte.

Dankbar, dass du denkbar bist.
Und alle Pflückgelüste und jedes Besitzenwollen albern
und undenkbar dumm. Übersehend,
dass dadurch alles kaputt und verloren ist,
was mich dich zuerst hat pflücken wollen.

Du sagst, wie sehr du Schneeglöckchen magst.
Und ich hab auf diese Art zumindest
seitdem ständig drüber nachgedacht.
Wie über dich.

Woltersdorf, September 2021

DIE SUMME SEINER TROPFEN

»Im Abschied liegt die Geburt der Erinnerung.«
(Salvador Dalí)

Uns tropft die Zeit ineinander,
verschiebt sich Schichten überlagernd
irgendwo da, wo Dalí gelebt hat.
Ohne Überblendung und chronologische Logik
vom Früher-Du zum Zukunfts-Wir.
Bis sich unerwartet endgültig
die eine große Klammer schließt.

Abrupter Bruch
zwingt brutal
zur Gegenwart.

Zu viel fühlen,
alles gleichzeitig.
Paradoxe Parallelismen
vor absurder Kulisse,
erodierte Paradiesaugen.
Surreal zu sagen, wär zu convenient.
Der Tod ein großer Gleichgültigmacher.

Ein letztes Mal laufen wir
wankend in die Wellen.
Unsere alpwachträumenden
Tränen ins Meer getropft,
zum Schmeißen keine Kraft gerade.
Ihnen beim Versinken und Auf-und-Davonschwimmen
zugesehen, vielleicht,
um heimlich zu glauben,
dass ein Teil von uns hier bleibt.

Aber alles so unsichtbar.
Unter winterfest zusammengezurrtem Himmel
einfach eins werden und Aufgehen
im Ganzen und Großen,
wie Geheimnisdetails.
Um mehr zu sein oder zu werden
als die Summe seiner Tropfen.

Almadrava, Oktober 2022

YADA

für Anna und Sergej

Ohne Pausen ist
auch Musik nur Krach.
Rauscht bedeutungslos,
bis jemand da ist
und sogar Stille nicht awkward macht.
Wenn das Ende der Anfang ist,
ein Ganzes mehr als die Summe
seiner Teile,
die sich selbst nicht als
unvollständige Hälften sehen
und sich dabei dennoch komplementieren.

Kein Wetter bleibt immer himmelblau.
Manchmal sind Grautöne
die dominanten Tonleiter,
aber gespielt vom Ensemble,
das keinen Bock mehr hat
auf Solo-Alben.
Die allein sein können,
aber nicht wollen.

Liebe ist
wie G*tt,
ein Wort,
das sich denken,
sogar sagen lässt,
aber höchstens Ausdruck findet
im Versuch verzweifelter Vergleiche
und in Erkenntnis.
Gegenseitig.

Worms, August 2021

YADA II

für Janina und Jason

notier mich,
kritzel mich auf eine leere seite
oder servietten-schreibersatz,
lass deine finger gleiten
über die schrift,
wenn du mich
festgehalten hast.

halt mich – fest
gegen das licht.
lies mich lächelnd leise
und sprich – mich laut
und lausche drauf,
wie mein sein dann klingt.

buchstabier mich,
kenne meinen klang,
vorwärts geschrieben
und rückwärts geredet
und alle meine anagramme.

buchstabier mich
und lerne mich
auswendig und innenseitig
und stell verdutzt fest,
dass du neues findest an stellen,
wo du geschworen hättest,
bereits alles ausgiebig zu kennen.

freue dich ewig
an meiner phonetik,
buchstabier und zerleg mich,
interpretier mich
und erwarte nicht,
dass es jemand versteht,
das checken die eh nicht,
denn unsere poetik
folgt einer metrik,
die sich nur reimt,
wenn wir beide gemeinsam
nebeneinander
auf genau diesem punkt stehen.

rezitier mich,
ich will hören,
wie ich mit deinen worten klinge,
sing meine vokale,
lern meine vokabeln
und bleib bei meinen buchstaben,
erfinde neue namen,
wenn die alten nicht ausreichen,
auszusagen, was gesagt werden will.

erzähl mich mir,
wie ich wirklich bin,
studier mich
und finde versteckten sinn
zwischen zeilen,
der vielleicht verborgen bleibt
und sich erst erschließt
nach dem fünfzigfachen lesen.

schmück mich aus
und übertreib mich maßlos
wie geschichten
von wirklicher bedeutung,
finde muster in dem chaos
und fall völlig in die handlung.

übersetz mich in sprachen,
die wir beide noch nicht kennen,
aber irgendwann
gemeinsam stammelnd sprechen lernen.

Kassel, September 2022

DU

und Augen würden sehen
und Gedanken würden wollen
und Füße würden gehen
und Schritte würden stolpern

und Knöchel würden straucheln
und Beine würden wanken

und Knie würden zittern
und Angst im Magen anfangen.

und Finger würden greifen
und fänden Geländer aus Luft,

eine sich windende Hand,
die fallend Auffanghände sucht.

und alles würde stürzen
und manches würde prallen

und einiges würde schmerzen
und nichts würde gefallen

und Aufstehen wäre quälend
und Bewegen wäre Folter

und der Heimweg wäre einsam
und die Nacht wäre dunkel.

und die Hoffnung wäre klein
und die Gedanken wären düster

und die Geschichte wäre kläglich
und das Ende wäre traurig.

w ä r e.
wenn du nicht wärst.
aber Gott sei dank
bist
du
da.

WIR SOLLTEN MAL WIEDER WAS TRINKEN GEHEN

und man sagte lecker
und man schaute zufrieden
und man streckte die beine
und bestellte espresso
und lobte den abend als gut.

und man ging nach draußen,
um im laufen zu rauchen,
floskelte grüße
und wiederholung, sehr bald schon
nahm man sich vor.

und das puzzle zerbrach sich
und man stieb auseinander,
ging gemeinsam ein stück
und man kannte die ziele
und richtungen wurden multipliziert.

und er betrat die wohnung
und er war beschwingt
und zog sich aus
und kuschelte sich in schwermut hinein.
und er war sich nicht sicher,
was davon überwiegt.

und er stellte den wecker
und er legte sich schlafen
und er erwachte lange vor dem ersten geräusch
und er versteckte die lästige einsamkeit
in der heiteren vertrautheit der eintönigkeit.

und er tat
und er ging
und er schaute
und er tat
und nannte die summe all dessen
einen weiteren tag.

und er wartete
und er hoffte,
heimlich,
und er schrieb
und er kaufte marken
und er schloss beleckte kuverts
und er fand den mut nicht
in der unordnung seiner wohnung.

und er wünschte
und er wusste
und er tat es trotzdem.

und er wollte gerne
und er wusste nicht, wie.

einsame einzelteile,
verloren
im bild
des kollektivs.

DONNERSTAGMORGEN

gestern noch hätte ich
die Rücklichtkolonne
für Feierabendverkehr gehalten

gestern noch hätte ich
Friedensgebeten
ein wenig Wirksamkeit zugestanden

gestern noch hätte ich
nun Geschehenes
in albtraumhaftem Dämmer verortet

heute dann aufgewacht
Donnerstagmorgen
in verändertem Vorhandensein

IMAGO DEI

Ich bin froh, dass du nicht G*tt bist,
weißt du, sonst wärst du so schrecklich perfekt
und unerreichbar für mich und ich würde mich
jedes Mal ungenügend fühlen in deiner Gegenwart.

Ich bin froh, dass du nicht G*tt bist,
weil ich gerne mit dir rede auf Augenhöhe
und da etwas zurückkommt, wenn ich wieder
dumme Fragen stelle oder von Twin Peaks erzähle.

Ich bin froh, dass du nicht G*tt bist,
weil ich nicht weiß, ob G*tt den Herrn der Ringe mag,
bei dir dagegen bin ich mir ziemlich sicher.

Ich bin froh, dass du nicht G*tt bist,
sonst wärst du ganz Geist und unsichtbar und
ich würde ständig durch dich greifen
beim Versuch, dich zu berühren.

Ich bin froh, dass du nicht G*tt bist,
sonst müsste ich immerzu mit Menschen diskutieren,
die meinen, dich besser zu kennen
und verstanden zu haben.

Ich bin froh, dass du nicht G*tt bist,
weil ich dich einfach fragen kann,
was du möchtest und wie
und was dir gefällt und ob du mich magst
und was du scheiße findest
und weil ich dich notfalls einfach anrufen kann.

HEUL (leise)

Ich sah die besten Menschen meiner Generation zerstört vom Stumpfsinn. Ich sah sie Bücher schreiben und Platten produzieren und aufnehmen und sich anhören, wie wer sagte, sie sollten das Produkt ihrer Arbeit einfach in den Fluss werfen, wo all die anderen schwammen und die Kinder sie herausangelten und sich dabei für Fischer*innen hielten, bis zu den Knien im Moloch-Strom mit Kescher in der Hand.

Ich sah die gescheitesten Geister meiner Zeit zerstört vom Stumpfsinn und von Ratenkredits-Zahlungsaufforderungen, abgelenkt von allmächtigen Algorithmen, die ihnen vorgaukelten, nie zu genügen. Die nie schliefen und suggerierten, es ihnen gleich to doen. Und dass Produktivität dasselbe sei wie glücklich oder normal oder akzeptabel oder erfolgreich, und die sie irgendwann allein aufwachen ließen im Baumhaus überm Wolfsgehege.

Ich sah die besten Menschen meiner Generation sich über Sätze freuen in elektronischen Briefkästen, die ihnen versprachen, sie nicht zu bezahlen, aber sie kurz sichtbar zu machen. Und die darüber fast vergaßen,

wovon sie Essen und Miete und ihr gottverdammtes
Leben bestreiten sollten.

Eingebildet und ausgebrannt vom Vergleichen und
dem ewigen Nicht-genug-Sein und dem Zwang
zur Selbstdarstellung und Selbstoptimierung und
Selbstvermarktung und zum Reinpassen und Raushauen
und bloß nicht Vergessenwerden und Übersehenwerden
und überhört im Algorithmen-Rhythmus, bis sie ganz
off-beat taumelten. Die ausgebrannt von Businessplänen
und Finanzamtsbriefen anfingen, jeden Tag ihr eigenes
Gesicht und nichts anderes
als nur ihr eigenes Gesicht zu fotografieren, und sich
schließlich verliebten und traurig waren über die
Partnerwahl, wegen des vielen Grüns auf allen anderen
Seiten.

Die sich Lichter und Leuchtmittel anschafften und Ton-
und Bildfesthalter und ihre Rückzugsorte zu Museen
machten, um gesehen zu werden, bis sie Angst bekamen,
von ihren eigenen Kindern gefressen zu werden. Die in
die kreisrunden Löcher ihrer MacBook-To-do-Listen fielen
und das für Schweben hielten, bis zum Aufprall, und in
Pfützen ertranken und stehenden Gewässern, wo sie im
Selbstmitleids-Morast Reptilien ausbrüteten.

Ich sah die besten Gedanken meiner Konzentration
zerstreut vom Stumpfsinn der schlaflosen Banalitäten.
Sah die besten Zeilen sich aus den Synapsen stehlen auf
der Flucht vor Prokrastination im Strom der Zerstreuung
random angeschauter, austauschbarer Bewegtbildfetzen.

Ich sah die besten Momente meiner Kontemplation
zerrupft und zerfasert von
Zukunftsangst und Abbitteleisten und Selbstzweifeln
und Inflationsanalysen und Hiobs-Push-Nachrichten und
Lieferdienstegoogeln und Neid auf fremdes Verreisen.
Heul leise!
//

Heul leise! Was sollen denn die Nachbarn denken? Heul Hilfe! Heul für die, die ihre Tränen vergessen oder das ganze Kontingent aufgebraucht haben. Heul für alle, die sich ihrer Tränen schämen und die gelernt haben, leise zu weinen. Heul für die Menschen, die ich kenne, die jeden Sonntag in unbequemen Bänken saßen und sich erzählen lassen mussten, dass sie nicht gut genug und ihre Körper böse seien, die es zu dämpfen, bekämpfen und in Schach zu halten gilt, bis wir es für wahr gehalten haben und uns immer noch schämen und nicht zuletzt zusätzlich nun dafür, dass wir so naiv waren, so etwas geglaubt zu haben.

Und heul für mich, weil ich selbst beim Heulen immer noch glaube, das für andere tun zu müssen. Scham und Saviorkomplex halten Händchen und würden tanzen, wenn erstere sich nicht genieren würde. Heul leise, heul heilig, heul, heilige Scheiße! Aber leise! Was sollen denn die Nachbarn denken und wie soll das überhaupt klingen und was, wenn sie klingeln, und was soll das bringen und sind Klagelieder nicht per se eine überflüssige Idee? Selbst das Buch in der Bibel, das so heißt, haben die alle übersehen. Vielleicht zeige ich dir demnächst mein verheultes Gesicht, bis du mir erklären kannst, was daran so ungehörig ist.

Wie, wenn nicht laut, heult man für die Lügen und Brüche und ungeraden Linien, die wir für abnormal hielten und über wir die Nase rümpften, obwohl die gerade Linie gottlos und unfair und unmenschlich ist?
Ich wünschte, das wäre mutig,
aber fürchte, wütend
wein ich lauter. Wenn du zusiehst,
kann ich nicht

leise heulen.

Dieser Text basiert auf und ist inspiriert von dem Gedicht »HOWL« von Allen Ginsberg

NEUGIER

Du hast mich angehört
und mir danach ein Wort geschenkt
Eine Überschrift vielleicht
Zusammenfassung und Verdichtung
Ein Wort für die vielen
die ich zuvor versucht habe

Bayreuth, Januar 2023

SONNENANBETUNG

»Ein Stück der Sonne sei abgebrochen, aber glauben Sie den Hype nicht.«
(Dr. Tamitha Skov)

Wenn von der Sonne ein Stück abbricht
und die Sonne ein Licht
ist, bleibt das Licht dann in Summe vorhanden,
nur an verschiedenen Punkten,
oder geht ein Teil beim Gehen aus?

Wenn von der Sonne ein Stück abbricht
und die Sonne das Leben ist,
oder zumindest möglich macht,
verringert oder vergrößert das dann den Wert von
meinem?

Wenn von der Sonne ein Stück abbricht
und die Sonne G*tt ist,
oder zumindest früher einmal war,
fehlt dann ein Teilstück Zorn, Macht oder Gnade?
Und wohin gehen eigentlich die ausgeglaubten Götter,
wenn die letzte Person, die an sie glaubte,
beim Abschied Amen sagt?

Wenn von der Sonne ein Stück abbricht
und die Sonne ein Kreis ist,
der unerreichbar weiter umkreist wird –
welchen Unterschied macht das schon?

Wenn von der Sonne ein Stück abbricht
und die Sonne dein Gesicht ist,
woher weiß ich, dass du bleibst,
und wie sicher sind dann ich
und alle Selbstverständlichkeiten?
//

Du sagst, dass das Physik ist,
dass die Sonne ein Licht ist
und dass es Prismen gibt,
die das Licht berechenbar brechen,

und ich denke, wie hübsch
das ist, was durch den brutalen Akt des Brechens
entsteht,
und weiß, weil ich diesen Teil nicht in meinen Kopf
bekam,
als ich 13 war, musste ich die Schulform wechseln.

BLEIB BARMHERZIG

Ein Preaching-to-the-choir-Psalm,
mir selbst vorzusingen,
morgens beim ersten Blick in den Spiegel
zur Melodie des Ohrwurms vom Vorabend.

Der Baum vor dem Balkon
trägt Ende März noch ganz Dezember.

Die unsichtbaren Gleichzeitigkeiten.
Die gleichzeitigen Unsichtbarkeiten.
Die Absurdität von Vorhandensein.

Ich tippe ausgedachte Zeichen,
die auf Augen treffend Töne sind,
wenn die den Code beherrschen.
Tippe auf einem ausgedachten Gerät
in eine ausgedachte Oberfläche,
die meine Zeichen speichert,
weil ich immer vergesse,
was ich sagen wollte:

Bleib barmherzig.
//

Und ich wünsche mir sehr,
dass das kein schlechter Scherz ist.
Ich wünschte, ich könnte behaupten, ich
bliebe beständig barmherzig.
Aber ich will's versuchen
und Frieden suchen
und ihn verfolgen,
bis ich ihn finde
und festhalten kann.
Ist so leicht gesprochen,
wenn die Hetze dein Herz frisst.
Bitte bleib.
Bitte bleib barmherzig.

Sprich Beherztes,
vermeide Verletzendes
und bitte bleib barmherzig.

Fall aus dem Rahmen,
füg Fensterfugen in Mauerwerke,
mal über die gottlosen geraden Linien,
wackle am Boot,
aber bitte bleib barmherzig.

Schau hinter den Vorhang,
mach das Licht an.
Wenn das Leben dir Dualismen gibt,
mach Remixe draus,
halte den Spot drauf,
dreh auf links,
stell auf den Kopf
und schüttle kräftig alles durcheinander,
aber bitte bleib barmherzig.

Wenn dir der Stein vom Herzen
direkt auf die Füße fällt
und alles so grässlich
schmerzend zusammenschrumpft,
bitte bleib barmherzig

Wir verlieben uns in Rage,
kollidieren uns in Collagen.
Wir werden alle verwandelt werden,
regemixt aus was wir waren.

Den Mund voller Merkmale.

Bitte versteh's nicht verdreht,
wir sind alle unterwegs
macht nicht alles ungeschehen.

Glaub kaum noch ans Kümmern,
Utopia ist kein Ort,
wir können nicht nach Hause kommen.
In ein paar Jahren erneuert sich die letzte Zelle,
die von dir berührt worden ist.

Niemand kann befehlen,
sich (wie) zuhause zu fühlen.

Es werden Körper treten
aus den verhuschten Silhouetten.

Es werden Menschen werden
aus den vertuschten Entwürfen.

Zelebriere Erkennen und Erkanntsein und Erkanntwerden
und Erkannt-worden-Sein. Zur falschen Zeit vielleicht.

Dieser scheußliche Krach,
dieses Geräusch, den es macht, wenn das Herz bricht.
Bitte bleib barmherzig.

Sei nackt und wunderbar
und allein mit dir selbst
im Reinen und Unreinen
und ohne Kategorie dafür
und zeig Verletzlichkeit,
aber bitte bleib
barmherzig,
bleib.

Bleib menschlich letztendlich
und erkenne G*tt und dich selbst
in allen Gesichtern und Geschichten und Gespenstern
und unserer nervigen Bruchstückhaftigkeit
wie in beschlagenen Spiegelscherben.

Sag ihnen laut ins Gesicht,
dass du dagegen bist,
dass die gerade Linie gottlos
und ausgedacht ist.

Niemand kommt ohne Wunden über die Runden.
Gewöhn dich nicht ans Gewöhnen.
Erzähl obszön vom Gehen und Bleiben
und wie weird wir werden, wenn wir weinen.
Wir sind zärtlich hart
und verdammt verletzlich,
keinen Bock mehr, zu kämpfen,
aber bitte bleib barmherzig.

Wenn Kreise gezogen werden
und Grenzlinien,
um auszuschließen,
mal über die Linien und zeichne
einen größeren, weiteren
und sei dir bewusst,
dass selbst der vermutlich noch immer zu klein ist.
Wann ist fertig?
Bitte bleib barmherzig.

In einer Welt, in der Bäume pink werden,
aber Räume nicht safe sind
und Menschen entmenschlicht,
widersetz dich!
Und das immer wieder! Ständig!
Bleib bitte widerständig.

Weine wütend,
werde weird,
wenn du willst.
Streich zart,
glaub ketzerisch,
aber bitte bleib barmherzig.

Sei zornig,
und wenn es geht,
bleib zärtlich.
Aber bitte bleib barmherzig.
//

Du sagst, du hättest lange genug geschrieben,
um sicher zu sein,
dass du nichts Bedeutendes zu sagen hast.

Und seitdem schleiche ich den ganzen Tag
durch die vollen Adventsstadtstraßen und versuche,
mir zu versichern,
dass das bei mir anders ist.
Vielleicht hast du aber bloß mehr geschrieben
als ich
bis jetzt.
Bleib barmherzig.

Bleib barmherzig,
sing ich mir vor wie ein Hardcore-Engelschor
mit baseballschlägerförmigen Mikrofonen.
Ich hasse Sätze, die sich viel zu leicht sagen lassen.
Hasse Phrasen, die nicht zu den Taten passen.
Hasse die Sprache, die sich nie fragt,
was mit ihr gesagt worden ist.

Wut ist wichtig, aber Hass ist ein Knast,
hat Levi gesagt,
und dass ich immer weiter vergeben soll,
auch wenn ich keinen Plan hab, wie Mensch das macht.
Hass ist hässlich.

Bleib barmherzig.

Ich tippe ein Smartphoneselfie von mir mit Nachtaugen
und fast nackt vor dem verschmierten Zahnputzspiegel,
weil ich immerhin hier zuhause bin. In dieser
Dezemberhaut im März.

Die Absurdität von Vorhandensein
Die gleichzeitigen Unsichtbarkeiten
Die unsichtbaren Gleichzeitigkeiten

Nimm noch einen weiteren Atemzug,
vielleicht ist da ja doch genug Gut
übrig
für einen neuen Versuch.

Bitte bleib barmherzig.

Dieser Text basiert auf und ist inspiriert von dem Gedicht »Keep Forgiving« von Levi The Poet.

»Siehe, ich sage euch ein Geheimnis:
Wir werden nicht alle entschlafen,
wir werden aber alle verwandelt werden.«

(Die Bibel, 1.Brief an die Korinther 15,51)

DANKE

Das größte Danke an das Lektora-Team, vor allem Denise und Yeliz! Danke für euren Input, eure Anregungen und Verbesserungen. Ich genieße es sehr, mit euch zu arbeiten.

Danke, Leah und Micha, für eure Freundschaft, eure Ermutigung und eure guten und hilfreichen Gedanken zu den Texten in diesem Buch.

Danke, Manu, für das grandiose Coverdesign, deine Freundschaft und langjährige Verbundenheit.
#poetrymeetsbeats

Danke an meine Brüder, Samy und Jonas, für eure unglaubliche Unterstützung und Hilfsbereitschaft!

Danke an Mira – für alles!

Danke den wundervollen Menschen, die mich und meine Arbeit auf Steady supporten.

Und Danke an dich, dass du dieses Buch liest und ich dieses Wegstück mit dir teilen darf.

ERFUNDENE FORMEN

Alle Formen sind erfunden
Vorhandenes geht auch verschwunden
Wir sind an das Feste Gebundene
bunte
Wellen
Kurz Vorhandene, sichtbar
für die gestrandeten
Küstenkiesel am Strand

Ich habe einen kleinen Schrein gebaut
für das Wort »vielleicht«
Entzünde Kerzen und tanze
nackt im Kreis davor herum
und singe leise
(ohne Töne zu stören und herbeizurufen)
vom Vorhandensein

Was Marco Michalzik sonst noch gemacht hat ...

#poetrymeetsbeats

Gemeinsam mit dem Marburger Musiker und Produzenten Manuel Steinhoff hat Marco Michalzik das Projekt #poetrymeetsbeats entwickelt – eine Symbiose aus Spoken Word und live gespielten Beats. Im Zentrum der Musik stehen die analogen Synthesizer und Drummachines der Korg-Volca-Reihe. Kombiniert mit den sphärischen Post-Rock-Gitarren von Theo Sperlea bieten sie das perfekte Klangbett für die gesprochenen Texte.

»IKARUS«, Album (2018)
GTIN/EAN: 4050215425842

»INSOMNIA«, EP (2020)
GTIN/EAN: 4050215956827

Zu hören, streamen und downloaden auf allen digitalen Plattformen. Mehr Infos:

www.marcomichalzik.com
www.poetrymeetsbeats.de

Bei Lektora erschienen

Marco Michalzik

»Alles wird ein bisschen anders«

Ehrlich gesagt / Nehm wachdösend kaum Notiz / Vom allmählichen Ablösen / Aus den hässlichen Plastikhänden / Eklig klebriger Träume / In der Farbe von Lakritz / Schlag mir die Zähne wund / Beim sturen Beharren auf der Gravur in Granit / Lass es bitte überdauern / Wenn es irgendwie geht / Oder fall ich beim Haiüberspringen / Wie ein Klotz vom Zenit? / So oder so / Wär's irgendwie schön, wenn du mich dabei siehst //

»Alles wird ein bisschen anders« ist der erste Gedichtband von Marco Michalzik. Text gewordener KRACH gegen die eigene Sprachlosigkeit. Da wird sich NACKT und die NACHT durchgemacht, weil an Schlaf vor lauter Denken nicht zu denken ist. Collagen aus Gegenwartsbeschreibungen, Alltagsbeobachtungen und Fragmenten politischtheologischen Nachdenkens. Irgendwo zwischen verdammt gutem Kaffee und der Frage, was wir hoffen wollen.

MARCO MICHALZIK

ALLES WIRD EIN BISSCHEN ANDERS

Lektora

ISBN: 978-3-95461-172-0
13,90 Euro (D)

www.lektora.de

Bei Lektora erschienen

Annika Blanke

»Neulich war gestern noch heute«

In diesem Buch sind nicht nur alle 26 Buchstaben des Alphabets plus Umlaute versteckt, nein, diese wurden auch noch von Annika Blanke zu einer furiosen Mischung angeordnet, die so manche Überraschung beinhaltet: Ein Best-of ihrer wortgewaltigen Bühnentexte aus fast zehn Jahren Poetry Slam sowie eine Auswahl an Kurzgeschichten und Kürzesttexten sorgen für Leseerlebnisse zwischen nachdenklich und brüllend komisch. Und ganz nebenbei geht es auch um die großen Dinge: Sind Bügeleisen und Onlinedating die Wurzel allen Übels? Wie überlebt man als U2-Fan ein Wochenende auf dem Metalfestival? Und sollte das Glück in »glücklich« wirklich immer auf »ich« enden?

»Annika ist ein poetischer Sturm ohne Reißleine. Ich atme beim Lesen ihrer Texte weniger als sie selbst beim Vortragen – das ist ein sehr gutes Zeichen. Ein Buch, das nachwirkt.« (Ninia laGrande)

»Annika Blanke liebt Literatur, Worte und Sprache. Egal ob Prosa oder Poesie – es ist eine Liebe, die man in all ihren Texten spürt.« (Insa Kohler)

»Ihre Geschichten beginnen da, wo Andere aufhören: Nach den Katastrophen. Klar, präzise und wunderschön schreibt Annika Blanke von Menschen ›danach‹, nicht ›dabei‹. Und gerade das macht es so unglaublich gut!« (Tobi Katze)

ISBN: 978-3-95461-092-1
13,90 Euro

www.lektora.de